AF500525

L 43 b
679

Lb 43 679

DISCOURS

SUR

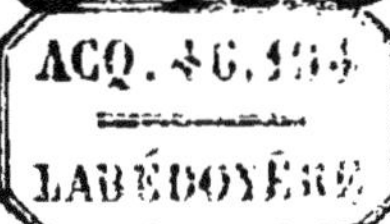
ACQ. 46.914
LABÉDOYÈRE

L'INAUGURATION DE LA STATUE DE BONAPARTE.

Jam nova progenies cœlo demittitur alto. VIRG.

Par le C.en COPPIER.

TROISIEME ÉDITION,

Augmentée de quelques Notes.

A GRENOBLE,

Chez J. L. A. GIROUD, Imprimeur-libraire, place aux Herbes.

AN XI. = 1803.

Lb 43 679

PRÉFACE.

Ce Discours, Lecteur, pourra vous paraitre trop long, trop moral, trop politique, &c. Trop long! mais peut-on parler de Bonaparte & être court? = trop moral! mais la vie du premier Consul n'est-elle pas l'accord de la politique avec la morale? = trop politique! vous ne voyez donc pas que l'orateur se cache derriere la statue de Bonaparte, pour prêcher les rois?

DISCOURS

Sur l'inauguration de la Statue de Bonaparte, prononcé à la publication de la paix, le 18 brumaire an 10, par le Maire de St. Maximin, département de l'Iſere.

Citoyens,

Le 18 brumaire an 8 donna à la France un ſauveur, que le 18 brumaire an 10 proclame pacificateur du monde. Afin de célébrer dignement deux époques ſi heureuſes pour les Français, conſacrons en cette fête un monument au *génie ſauveur* & au *génie pacificateur.* La ſtatue de Bonaparte, que l'enthouſiaſme de la reconnaiſſance éleve au milieu de nous, ſera à jamais notre palladium : gravons ſur ſon piédeſtal une épigraphe, qui, en quatre mots, caractériſe le plus grand des mortels, puiſqu'il eſt le plus bienfaiſant.

Ceſar, linguâ ac enſe.
Numa, pace & lege.
Titus, beneficentiâ.
Pacato orbe, Auguſtus.

Pour développer le ſens de cette inſcription, il eſt indiſpenſable de vous retracer ce que Bonaparte a fait pour le ſalut & la proſpérité de la République françaiſe, ce qu'il a fait pour la pacification générale, enfin ce qu'il fait pour la réorganiſation des lois, le rétabliſſement de la religion & des mœurs : en trois mots, Bonaparte ſauveur, pacificateur, régénérateur de la France ; voilà le ſujet des trois parties de ce Diſcours. Le détail de ſes exploits militaires n'entre gueres dans notre plan, qui, dans les points de vue auxquels nous nous bornons, préſente toujours un politique bienfaiſant qui a dévoué toute ſon exiſtence au bonheur des Français.

Si ce faible eſſai tombe entre les mains de ceux qui tiennent les rênes des empires, ils croiront ne lire qu'un panégyrique, & ils trouveront le modele d'un bon gouvernement dans le réformateur de notre république : s'il pénetre juſqu'à lui, il eſt à préſumer qu'il n'en lira gueres autre choſe que l'intitulé ; il aime mieux faire des choſes louables, que d'en être loué : cela doit-il glacer les plumes, lier les langues ? Non, il n'eſt pas en ſon pouvoir d'empêcher le Français reconnaiſſant d'épancher ſon cœur ; d'ailleurs l'éloge d'un bon prince eſt la ſatyre des mauvais.

PREMIERE PARTIE.

La révolution françaiſe a vu s'élever tout-à-coup deux hommes extraordinaires, d'une trempe tout-à-fait différente, nés, l'un pour le malheur, l'autre pour le bonheur de la France. A la vue du premier, le terroriſme même qui l'avait enfanté, recula d'effroi d'avoir, dans ſa frénéſie, vomi un monſtre plus Néron que tous les Nérons enſemble.

Pour réparer ſes torts envers l'humanité, la nature s'eſt épuiſée à former Bonaparte, génie unique compoſé de tous les génies. *Guerrier :* à trente ans, il égale les héros anciens & modernes, & c'eſt peut-être là ſon moindre mérite, mais c'eſt celui qui l'a lancé dans cette carriere brillante où il déploie à la fois tous les talents. = *Pacificateur :* raſſaſié de victoires, dégoûté des conquêtes, il donne, comme Auguſte, la paix au monde. = *Philoſophe :* une raiſon ſupérieure avec un caractere de magnanimité fortement prononcé, un eſprit qui embraſſe la nature entiere avec un génie fait pour donner le ton à ſon ſiecle & le branle à l'univers; tout chez lui, juſqu'à ſon extérieur, ce calme dans l'agitation, ce ſang-froid qu'il allie avec la plus grande activité, cet air réfléchi, annonce le ſage qui parle peu, parce qu'il penſe beaucoup; trait de conformité avec le maréchal de Catinat, que les ſoldats, dans leur langage pittoresque, appelaient le *pere la pensée.* = *Mathématicien :* il manie le compas comme Newton. = *Homme de Lettres :* comme César, il manie la plume aussi bien que l'épée ; même rapidité dans son style que dans ses victoires. = *Législateur :* en Afrique, il a la gloire de donner des lois à l'Egypte, qui eut celle de former les anciens législateurs ; en France, à son avénement au Consulat, il improvise, au milieu des explosions de la guerre & de l'anarchie, une Constitution la mieux adaptée aux circonstances, qui en présage pour l'avenir une encore plus parfaite, & une législation impartiale, sitôt que le calme des passions le permettra. = *Homme d'Etat :* aussi propre à gouverner un empire qu'à le conquérir, après avoir sauvé la France en héros, il la gouverne en sage : la politique est dans sa tête, & la moralité dans son ame. = *Philantrope :* il identifie tellement son bonheur individuel avec le bonheur public, qu'il n'a accepté & ne conserve le gouvernement que pour rendre les Français heureux ; il abdiquerait s'il n'espérait pas faire prospérer de plus en plus l'Etat, régénérer les mœurs, simplifier les lois, revivifier la religion, propager la fraternité : nouveau Titus, il regretterait comme perdu le jour où il ne ferait rien pour notre bonheur. Enfin, ce génie universel est en même temps un homme accompli, qui n'a d'autre passion que celle de la gloire, d'autre défaut que trop de générosité (1) : jamais homme n'honora autant l'humanité, & ne représenta mieux la Divinité !

Ce portrait n'eſt aucunement flatté, mon cœur hait la flatterie autant que le premier Conſul mépriſe les flatteurs ; & pour vous convaincre qu'il eſt peint d'après nature, que c'eſt la vérité qui tient le pinceau, il ſuffit de rapprocher l'état où il trouva la France, de celui où il l'a déjà portée : ce rapprochement exige qu'on rappelle pluſieurs circonſtances de notre révolution, dont l'hiſtoire eſt liée avec celle du Héros qui l'a ſi heureuſement rectifiée.

A peine le vaiſſeau de la République fut-il lancé à flots, qu'il ſe vit ſur une mer orageuſe aſſailli à la fois par la tempête, par les ennemis, par ſon équipage même, dont une partie, ſur-tout l'Etat-major, quitta ſon bord pour ſe ranger ſur le bord des ennemis. De ceux qui reſterent, les uns tenaient pour le pavillon tricolore ; d'autres voulaient rétablir l'ancien pavillon français ; une troiſieme faction prétendait arborer le pavillon d'*Égalité*, cœur ambitieux, ame noire, ce chef de la conſpiration contre les jours du grand Amiral ſon parent, dont il ambitionnait la dignité, qu'il n'obtint pas, malgré ſa popularité factice & ſes profuſions, qui le ruinerent ſans lui ſauver la vie. Ses complices s'emparant alternativement du vaiſſeau, pillerent tout, cargaiſon, agrès, munitions ; maſſacrerent leur chef & les plus opulents de l'équipage, pour envahir leurs riches pacotilles. Le plus ſanguinaire de ces ſcélérats, ſorti du fond de cale, dans l'eſpoir de devenir de mouſſe amiral, faiſait décapiter tout ce qu'il y avait de plus diſtingué. Il fut à ſon tour décapité. Les derniers pilotes à qui fut confié le gouvernail, ne maſſacraient pas, mais ils déportaient : ſans expérience, ſans bouſſole, ils ne ſurent s'orienter, & les matelots qu'on laiſſait manquer de tout, abandonnaient la manœuvre. Le vaiſſeau, ſans voiles, ſans mâts, ſans gouvernail, jouet des vents, entouré d'écueils, cerné par les ennemis, ſe voyant ſur le point, ou d'être pris, ou de faire naufrage, donne le ſignal de détreſſe, qui retentit juſqu'aux oreilles de Bonaparte.

Ce Héros quitte ſoudain l'Egypte, qu'il civiliſait; vole avec la vélocité de l'aigle ſur les mers, à travers les flottes ennemies, bravant les dangers pour ſauver la patrie : il la trouve le ſein déchiré par les factieux : royaliſtes, orléaniſtes, anarchiſtes, chacun s'intrigue pour l'attirer dans ſa faction, tant on était perſuadé qu'il ferait triompher le parti qu'il épouſerait! Que leur répond-il? *Je ne ſuis point homme de parti, je ſuis l'homme de la République.* Enfin, nos Repréſentants annoncent que jamais la République françaiſe *ne fut en ſi grand danger.* En pareilles criſes, l'ancienne Rome créait un Dictateur, qu'elle inveſtiſſait d'un pouvoir abſolu, & ſon choix tombait ſur le perſonnage le plus capable de ſauver la République : ce fut cette conſidération qui fit nommer Bonaparte Généraliſſime de toutes les armées françaiſes.

Par un de ces coups hardis ſuggéré par le génie, il transfere la Convention nationale de Paris, foyer des diſſentions, à Saint-Cloud : là il préſente une nouvelle Conſtitution, la fait ſanctionner, & incontinent il eſt nommé, par les ſuffrages de la nation, premier Conſul. Sans tirer l'épée, la nouvelle révolution eſt terminée auſſi-tôt que commencée ; ſon nom ſeul comprime toutes les factions, ſa préſence diſſipe tous les orages : ainſi, au fort de la tempête excitée contre la flotte Troyenne, dès que Neptune parait, les vents fuient, les vagues s'affaiſſent, le calme renaît : *collectásque fugat nubes, lucémque reducit.* VIRG.

LE premier Conſul trouva tout déſorganiſé au-dedans comme au-dehors ; il fallut tout réorganiſer. Nos armées, dénuées de tout, étaient fondues ; les ſoldats manquant, non pas de courage (le ſoldat français n'en manqua jamais), mais de vivres & de vêtements, par l'inſatiable rapacité des fourniſſeurs, rentraient par pelotons dans leurs foyers, & la victoire avait paſſé à regret de notre camp dans celui de l'ennemi. L'Italie, que nous avions conquiſe par des prodiges de valeur en deux ans, fut, faute de défenſeurs, reconquiſe par les phalanges farouches du Nord en trois mois. Déjà l'aigle Germanique prenant ſon eſſor, planait du haut des Alpes ſur la France, impatient de fondre ſur une proie qu'il dévorait des yeux. Le Héros reparait, le ſoldat rejoint ſes drapeaux, & la victoire rejoint Bonaparte. Les Alpes ſont auſſi étonnées de voir les pieces de canon de ce Général-Conſul eſcalader leur ſommet inacceſſible, qu'elles le furent lorſqu'Annibal les gravit avec ſes éléphans. Ce phénomene, qui déconcerta les ennemis, nous valut la victoire déciſive de Marengo. Après cette ſanglante bataille, & la journée à jamais mémorable de Hohenlinden, on repouſſe bien loin des frontieres l'ennemi, qui, au lieu qu'il s'était flatté d'envahir la France, voit ſes propres Etats envahis; & l'Italie qui, depuis un temps immémorial, était réputée le tombeau des Français, conquiſe pour la ſeconde fois, devient, ſous les étendards de Bonaparte, le théâtre de leur gloire.

C'était déjà beaucoup d'avoir relevé la réputation des armes françaiſes, & rétabli la diſcipline militaire ; il n'était pas moins urgent de rétablir l'ordre dans l'intérieur : eſt-il de maux qu'il n'ait réparés? Que de biens n'a-t-il pas déjà faits ! après avoir expulſé nos oppreſſeurs, après avoir fermé les clubs, volcans mal éteints qui vomiſſaient de nouveau leurs laves incendiaires, il a ſu réprimer l'anarchie, & ſans coup d'éclat, écraſer le terroriſme qui écraſait tout. Il a ſu par la perſuaſion, plus encore que par la force, éteindre la guerre civile allumée dans les départements de l'Oueſt, faire main-baſſe ſur les hordes de brigands qui mettaient à contribution les départements du Midi, diſſiper les factions politiques qui déchiraient le cœur de la France, calmer les diſſentions religieuſes, qui ſont le ſcandale de la religion, proclamer la liberté de conſcience, qui n'anathématiſe aucun des modes d'adorer la Divinité;

il a ſu épurer les Autorités conſtituées, en leur donnant une nouvelle forme, rectifier la juſtice, la procédure & la police, raffermir les Tribunaux, y attacher la conſidération, en n'y inſtallant que des juges impaſſibles comme la loi, & en rendant leurs places inamovibles, ſans néanmoins rétablir la vénalité dont elles étaient entachées.

Il a balayé les ſangſues publiques, arrêté les dilapidations, réparé, autant que le permettaient les circonſtances, le délabrement de nos finances, créé une caiſſe d'amortiſſement, fondé une banque; les créanciers de l'Etat, qui étaient fruſtrés de tout, touchent exactement le tiers conſolidé.

Enfin, il a étouffé toutes les haines, rapproché tous les cœurs, & rendu à la patrie ſes enfants égarés, qui furent plutôt terrorifiés que révoltés contre leur mere. Elle eſt généreuſe, cette tendre mere! peut-elle laiſſer languir plus long-temps dans les angoiſſes de la détreſſe ſes enfants qu'elle reçoit à bras ouverts dans ſon ſein? ne ſe fera-t-elle pas auſſi un devoir ſacré d'étendre ſes bienfaits juſque ſur les rejettons errants d'une dynaſtie auguſte dont le trône antique a écroulé avec un horrible fracas qui a étonné l'univers, ſuppoſé que leur fierté ne repouſſe pas ſa généroſité? Illuſtres infortunés, conſerveriez-vous encore le reſſentiment dans vos cœurs! le Français n'eut-il pas, comme tous les peuples, le droit de ſe choiſir ſon Gouvernement? Après quatorze ſiecles de Gouvernement monarchique, il a jugé à propos de s'ériger en République, dans l'espoir flatteur de jouir de plus de liberté & de bonheur : mais la haine vouée à la royauté dans un moment de délire par la démagogie, n'a-t-elle pas été désavouée par le corps de la nation ? Non, le Français n'est point ennemi des Rois : il s'assimile aux anciens Romains qui ne voulaient point d'un Roi & en faisaient. Notre auguste Chef vient de concourir à en créer un issu du sang qui occupa le trône de France, & tous les départements se sont empressés à l'envi de lui rendre les hommages dus au rang suprême, lorsqu'il les traversa à son retour de Paris, où il était allé apprendre de Bonaparte l'art de régner, c'est-à-dire de rendre les peuples heureux.

On est si persuadé qu'il le possede éminemment, cet art merveilleux, que souvent l'Helvétie lui a soumis des projets d'organisation ; que la Ligurie & la Cisalpine ont, sur le même objet, recouru à ses lumieres ; & la *Consulta* qui va se tenir à Lyon, où le premier Consul organisera la Cisalpine (République italienne), fait plus d'honneur à ce Héros que la plus éclatante de ses victoires. Cette opinion flatteuse est fondée sur les prodiges qu'il a opérés en Italie & en Egypte, sur les prodiges qu'il ne cesse d'opérer en France.

A peine eut-il pris les rênes de l'Etat, que sa franchise & sa loyauté rétablirent la confiance qu'avaient aliénée les oscillations du Gouvernement entre les mains d'un Directoire faible & versatile : jamais il ne trompe, & il ferait bien difficile de le tromper : il laiffe mûrir fes deffeins dans le filence, pour en mieux affurer la réuffite : rien ne tranfpire dans le public des fecrets du Cabinet qu'au moment de l'exécution; indice certain qu'il n'y a plus en Cour de ces favorites dont l'influence, dans les opérations du Gouvernement, fut trop fouvent fatale à l'Etat. Son coup-d'œil perçant pénetre jufque dans l'intérieur le plus impénétrable des Cabinets, & fa fagacité déjoue les aftuces des machiavéliftes les plus rafinés : fon génie, planant au-deffus des fiecles, rapproche le paffé du préfent, s'élance dans l'avenir; & tirant d'après les paffions, les mœurs & le génie des nations, fes calculs de probabilité, il prévoit les révolutions, la grandeur & la décadence des empires : c'eft par cette vive pénétration, par un art merveilleux de profiter des conjonctures, de faifir l'à-propos, & de faire concourir à fes vues les vertus & les défauts des autres, qu'il eft venu à bout de maîtrifer la fortune, comme c'eft par les plus favantes combinaifons qu'il a tiré le parti le plus avantageux des pofitions abfolues & relatives de la France.

Quelle connaiffance du cœur humain! & quelle fineffe de tact pour palper, déterrer, placer le mérite! Sa maxime eft de donner les hommes aux emplois, & non pas les emplois aux hommes : les talents ne font plus enfouis, les vertus font honorées, les vices flétris & les crimes punis.

Quelle énergie dans un gouvernement tout paternel! en même temps quelle harmonie! Un philosophe a dit : *Les hommes seraient heureux, si le monde moral était aussi bien gouverné que le monde physique.* On est tenté de croire que c'est d'après cette sublime idée que le premier Consul a tracé le plan de son administration. Son cœur lui aura dit : Le monde physique, dont l'harmonie est si ravissante, est régi par un principe universel, *l'attraction*; essayons si le monde moral ne pourrait pas aussi être régi par un principe universel, *la philantropie*. Eh! pourquoi l'amour de l'humanité ne serait-il pas une attraction aussi active sur les cœurs humains que l'est l'attraction Newtonienne sur les corps physiques? Tel est donc le régulateur avec lequel il a entrepris de réorganiser la France, la philantropie. La crainte est pour l'esclave, l'amour pour le Français (2).

Le conquérant de l'Italie, de Malte, de l'Egypte, &, dans un sens, de la France, à la tête de son Conseil-d'Etat, est peut-être plus grand encore qu'à la tête des armées. Transportons-nous d'esprit dans la salle du Conseil : là, on le voit vacquer aux affaires politiques quelquefois jusqu'à des dix-huit heures par jour, sans que son esprit, ni même son corps, soient affaissés par cet excès de contention, tant son organisation morale & physique est vigoureuse! là, entouré de personnages éclairés, comme Jupiter de ses satellites, il parcourt avec eux les détails; mais lui seul saisit l'ensemble, lui seul combine tout en grand : là, d'après d'après l'analyſe des éléments du bonheur, & la théorie de l'homme, il calcule nos beſoins pour graduer nos jouiſſances.

Quelquefois, pour être moins diſtrait, il s'enfonce ſeul dans l'intérieur de ſon cabinet ; c'eſt ſur-tout alors, que réfléchiſſant combien la nature humaine eſt en général malheureuſe par ſon imperfection & par ſa dépravation, il recherche les moyens de l'améliorer & de la perfectionner, pour la rendre heureuſe. Oh ! qu'il eſt intéreſſant ce tête-à-tête de ſon cœur avec ſon eſprit, à en juger par ce qui en émane ! Il me ſemble l'entendre, cet entretien : « Comment » améliorer cette portion diſtinguée de la grande » famille qui eſt confiée à ma ſollicitude ? comment » la régénérer ? Je ne puis y réuſſir que par un gou- » vernement actif, juſte, bienfaiſant, énergique, » qui faſſe concourir la légiſlation, l'éducation, la » morale, la religion, la raiſon, les ſciences, les » arts & belles-lettres, en un mot, toute la nature, » au perfectionnement des facultés intellectuelles, » morales & phyſiques de l'homme. Français ! tou- » tes mes veilles ſeront conſacrées à vous procurer » cette triple perfectibilité à laquelle ſont attachées » les jouiſſances de l'eſprit, du cœur & du corps, en » quoi conſiſte tout le bonheur des mortels ici-bas. » Pour étendre ſur toute la France ces trois grandes » ramifications, il me faudra un peu déranger le » ſyſtême des connaiſſances humaines qui ne ſont » pas préſentées ſous ce point de vue dans l'arbre

BIBLIOTHÈQUE NATIONALE B IMPR.

» généalogique qui décore le frontiſpice de l'Ency-
» clopédie ; je les claſſerai dans un ordre plus ana-
» logue aux beſoins & jouiſſances de chacune des
» trois facultés de l'être raiſonnable, & ce tableau
» ſera toujours ſous mes yeux * ».

Ce qu'il ſpécule en philoſophe, il l'exécute en philantrope : il nous ouvre à la fois toutes les ſources du bien-être, afin que chaque Français puiſſe y aller puiſer la félicité du corps, qui conſiſte principalement dans la ſanté, la félicité de l'eſprit dans le ſavoir, la félicité de l'ame dans la moralité. Quant à la félicité de l'imagination, ce n'eſt gueres au Gouvernement à l'influencer ; elle eſt plutôt ſubordonnée à la tournure d'eſprit de l'individu, qui, content ou mécontent de ſon ſort, ſe trouve heureux ou malheureux, ſelon qu'il s'imagine être l'un ou l'autre.

C'eſt d'après ces apperçus que le premier Conſul active tout : ici, il ouvre des canaux à la navigation, & acheve ceux qui étaient commencés : là, il fraye de nouvelles routes, il répare les anciennes ; & ſitôt que leur dégradation ceſſera d'encombrer la circulation, il renverſera probablement ces barrieres fiſcales, pour peu qu'il s'apperçoive qu'elles entravent le commerce & gênent les voyageurs : plus loin, je le vois prendre en conſidération l'aménagement des forêts, le deſſéchement des marais, créer par-là de nouveaux terrains, ſorte de conquête d'au-

* Voyez à la fin de ce Diſcours ce Tableau en raccourci.

tant plus chere à ſon cœur qu'elle ne coûte pas une ſeule goutte de ſang.

Tous les objets relatifs à la proſpérité publique ſont dans ſa penſée : par-tout il encourage l'agriculture qui fournit les matieres premieres, les arts qui les mettent en œuvre, le commerce qui les fait circuler (ce qui conſtitue la richeſſe des Etats) ; en même temps il fait fleurir ce qui en fait l'ornement, les ſciences, les belles-lettres, les beaux-arts.

Il eſt à préſumer que l'Inſtitut national attirera à ſon tour ſes regards vivifiants ; qu'il le diviſera en autant de claſſes qu'il y a de branches dans les connaiſſances humaines, pour que ce Corps d'eſprits, qui remplace toutes nos académies ſupprimées, forme une encyclopédie vivante.

Si les différentes branches de l'éducation publique ; ſi les écoles primaires, ſecondaires, centrales ; ſi les lycées, les écoles polytechniques ; ſi les divers cours de médecine, tant préſervative (qui eſt encore à naître) que curative, de chimie & pharmacie, qui ſont l'ame de la médecine, de chirurgie, qui en eſt la main, de phyſique, qui en eſt l'œil, &c. n'ont pas encore été portés au dernier période de perfection, c'eſt que tout avait été détruit, qu'il a fallu tout créer de nouveau, que tout ne peut être créé à la fois, qu'il eſt plus difficile de bâtir que de démolir.

Ecartant tout préjugé, par-tout où il trouve le bien il le ſaiſit, & l'on ne doit pas être étonné qu'il reſſuſcite juſqu'aux anciennes inſtitutions, dès qu'elles lui paraiſſent utiles, mais cependant ſous d'autres dénominations, de crainte d'effaroucher certains eſprits prévenus que tout ſous l'ancien régime était mauvais. Si la guerre n'a pu le détourner de faire tant d'améliorations, à plus forte raiſon va-t-il, ſous les auſpices de la paix, tout améliorer : de-là ſon ardeur à la négocier.

SECONDE PARTIE.

COMME guerrier, Bonaparte a bien mérité de la France ; comme pacificateur, il mérite bien de l'univers. Qu'il était difficile le retour de la paix ! D'où vient que notre chef ſuprême a eu tant de peine à éteindre le flambeau de la guerre qui a embraſé toute l'Europe, & dont les étincelles portées en Afrique s'étaient étendues juſqu'en Amérique, & même en Aſie ? La véritable cauſe de cet incendie général, il faut la chercher dans la tournure que prit notre révolution : elle n'allarma point les Cours, tant qu'elle s'en tint à la diſtinction du Pouvoir légiſlatif & du Pouvoir exécutif, dont elle avait fixé les limites, & à la déclaration des droits & des devoirs de l'homme : d'après cet heureux débût, il eût été aiſé de réformer les abus, de réprimer les uſurpations, de refondre les lois, ſans s'acharner à tout détruire.

Mais bientôt la révolution, dénaturée par des têtes exaltées, fut une insurrection de la *souveraineté du peuple* contre *la royauté*, une guerre de la liberté & de l'égalité contre le trône & l'autel : sous couleur de se soustraire au despotisme royal & au despotisme sacerdotal, l'ambition des démagogues renversait à la fois, & la royauté & le sacerdoce ; la royauté avec tous ses alentours, féodalité, chevalerie, noblesse, droit d'aînesse, corporations, magistrature, justice, police, finances, &c. ; le sacerdoce avec ses appuis, biens ecclésiastiques, temples, prêtres, moines, religieux, culte divin, moralité, sans distinction de ce qu'on devait respecter & de ce qu'on pouvait supprimer ou réformer. Est-il fort étrange que les puissances de l'Europe se soient liguées contre les novateurs ! elles se crurent intéressées à défendre le sacerdoce & l'empire contre ceux qui, à leurs yeux, sapaient l'un & l'autre par les fondements. Trois empereurs, six rois, toutes les têtes couronnées se coalisent pour raffermir une couronne chancelante sur la tête d'un roi trop débonnaire, qui n'avait d'autre vice que l'excès de ses vertus : tous leurs efforts n'ayant pu soutenir ce roi si faible sur le trône, si fort sur l'échafaud, ils comploterent de démembrer ses états, de se partager la France : c'est ce qui l'a sauvée & aggrandie.

Dans cette lutte de la France contre l'Europe, le peuple se leve en masse ; huit armées sont mises à la fois sur pied ; une foule d'habiles généraux sort comme de deſſous terre ; tout Français eſt ſoldat, tout ſoldat foudre de guerre, tout général héros, tant les ſecouſſes de la révolution donnaient du reſſort au génie & du courage à l'ame ! Nous ne pouvions conquérir la paix qu'en pouſſant vigoureuſement la guerre, & la République françaiſe ne devait prendre conſiſtance qu'à force de victoires & de conquêtes : Bonaparte fut ſpécialement chargé de vaincre, de conquérir, de pacifier. L'Allemagne, l'Italie, l'Egypte furent les trois principaux théâtres de la guerre ; il en illuſtra deux.

La conquête de l'Italie fut ſon coup d'eſſai : il eſt peu de campagnes auſſi ſavamment combinées & auſſi brillantes ; il ne ſe paſſait gueres de jour qui ne fût ſignalé par le gain d'une bataille ou par la priſe de quelque ville. Ce qui dans le réſultat de tant d'exploits éblouiſſait le plus le public, était préciſément ce que le jeune conquérant appréciait le moins : 150,000 priſonniers, 170 drapeaux, 5500 pieces de canon de ſiége, 600 pieces de campagne, 5 équipages de pont, 9 vaiſſeaux de ligne, 12 frégates, 30 autres bâtiments, & mieux que tout cela, les chefs-d'œuvres en tout genre, tant de la Grece que de l'Italie, dont il a enrichi Paris, n'étaient pas ce qui le flattait le plus : ah ! que ſon ame éprouvait une bien plus douce ſenſation de ce que par ſes victoires il avait procuré la liberté aux peuples de Bologne, de Ferrare, de Modene, de la Romagne, de la Lombardie, du Mantouan, de Gênes, & à une douzaine d'autres peuples!

Enfin, ce qui ajoute encore un nouveau lustre à sa gloire, c'est que dès lors le personnage de pacificateur lui parut beaucoup plus intéressant que celui de conquérant ; j'en atteste les traités de paix qu'il s'empressait de faire à mesure que ses conquêtes lui en facilitaient l'occasion, l'an 4 avec le roi de Sardaigne, l'an 5 avec le roi de Naples, & successivement avec le duc de Parme, avec le Pape; enfin, au commencement de l'an 6, le fameux traité de paix de Campo-Formio conclu avec l'Empereur, & dont il présenta au Directoire à Paris la ratification, traité qui fut depuis malheureusement éludé par la malveillance aux congrès de Rastad & de Lunéville, mais qui a servi de base aux préliminaires actuels de la paix.

Le conquérant pacificateur, rappelé d'Italie, fut envoyé en Egypte pour une expédition que le public regarda comme une honnête déportation de ce héros, l'idole des troupes, dont le mérite faisait ombrage au Directoire, comme si nos Directeurs eussent eu un pressentiment de l'avenir. La politique pouvait envisager d'un œil différent cette entreprise hardie : en considérant la position de l'Egypte entre deux mers, dont l'une est la porte de l'Orient, & l'autre la porte de l'Occident, elle sentit que c'était un point de rapprochement de l'Asie & de l'Afrique pour communiquer avec l'Europe, & qu'une colonie française qui ferait de l'Egypte un entrepôt des trésors de l'Inde pour les verser dans l'Europe, pourrait, sans s'astreindre à doubler le cap de Bonne-Espérance, enrichir la métropole par les productions de luxe qu'offre l'Asie. Alexandre-le-Grand, le plus politique des anciens conquérants, sut profiter de cette heureuse situation, & la ville d'Alexandrie, qu'il fonda à une des embouchures du Nil près la Méditerranée, fut long-temps le centre du commerce de l'univers.

Notre Héros était trop politique pour ne pas donner le change sur l'objet de son embarquement aux Anglais, dont les flottes dominaient sur les mers. Dans sa traversée, il prend d'emblée l'isle de Malte, contre laquelle avait jadis échoué la puissance Ottomane. Arrivé à sa destination, il ne trouve pas cette ancienne Egypte, le berceau des arts, des sciences & de la civilisation, école où Pittagore & Platon avaient puisé leur philosophie, Lycurgue & Solon la législation, & qui forma sur-tout le législateur des Juifs: l'Egypte moderne, quelque fiere qu'elle fût de ses fameuses pyramides, & de ce tribut annuel dont le Nil enrichit son sol, n'était gueres plus que le tombeau des momies, de l'industrie & de la liberté. Bonaparte réussit à l'arracher au joug des Turcs & des Mameluks: il y porta, avec les armes Françaises, la civilisation & les connaissances de l'Europe; il s'attacha à la pacifier, pour la mieux organiser. Comme il fallut préluder par affranchir & éclairer ces peuples, on fit d'abord plus pour la liberté que pour le commerce, & on défricha les esprits plus que les terres. Déjà, sous de si heureux auspices, l'Egypte, comme son ancien phénix, renaissait de ses cendres, lorſque le danger de la métropole rappella ſon conquérant & ſon bienfaiteur, dont le départ ſubit fut pour elle un coup de foudre qui annonçait qu'elle retomberait bientôt dans l'état de barbarie & d'eſclavage dont il venait de la retirer. S'il eût pu y reſter, certainement l'Egypte n'aurait pas à ſe plaindre qu'elle n'a vu l'éclat de la lumiere que pour ſentir davantage l'horreur des ténebres !

L'ame de notre Héros fut attriſtée de ce contretemps, mais il était appelé à de plus hautes deſtinées : il était écrit dans les décrets éternels qu'il ſerait libérateur, chef & légiſlateur de la France. Pour mieux remplir cette triple deſtination, il était ſur-tout eſſentiel de la pacifier ; auſſi, dès les premiers jours de ſon conſulat, on vit éclater ſes vues pacifiques ; elles ſont conſignées dans les lettres qu'il écrivit à l'Empereur d'Allemagne & au Roi d'Angleterre ; c'eſt le ſtyle d'un héros qui ne craint pas la guerre (elle n'a pour lui que des moiſſons de lauriers), mais d'un guerrier humain qui ſait apprécier les avantages de la paix. Ce vœu, éludé par les tergiverſations de la Cour de Vienne, & repouſſé avec amertume par le miniſtere Anglais, nous ſervit autant que nos ſuccès par le retour de bienveillance qu'il fit naître dans le cœur des peuples de l'Europe, en faveur d'une nation qui alors ne combattait plus que pour ſon indépendance.

Un autre refus qu'il eſſuya de la cour de Londres, relativement à l'échange de huit mille priſonniers

Ruſſes contre des priſonniers Français, lui applanit encore les voies de conciliation dans les autres Cours. Bonaparte piqué, raſſemble ces infortunés guerriers délaiſſés par leur allié, les équipe, & les renvoie ſans rançon dans leur patrie: par ce trait de généroſité, digne de ſa grande ame, plus encore que de ſa politique, il gagne leur Souverain, & les autres puiſſances du Nord, qui bientôt après ſignent, ainſi que le Roi de Pruſſe, ce célebre traité de neutralité armée qui garantit la liberté de la navigation. On commença alors à lui rendre la juſtice, qu'il n'avait fait la guerre que pour avoir la paix; des conquêtes, que pour rendre libres les peuples conquis: il eût donné tous ſes lauriers pour l'olivier pacifere. Vous l'avez vu à Campo-Formio conclure un traité de paix au milieu de ſes trophées: vainqueur à Marengo, il demande la paix aux vaincus: la victoire eſt naturellement fiere, ici un jeune Héros la rend modeſte & compatiſſante; il renonce à de nouveaux triomphes, s'arrête tout-à-coup au milieu de ſes conquêtes, pour pourſuivre la paix: n'eſt-ce pas là vaincre la victoire même?

Il avait déſarmé l'Italie, la Ruſſie, la Turquie, l'Allemagne, les Etats-Unis d'Amérique, l'Afrique; reſtait l'Angleterre: en vain le lord Pitt prodigue-t-il l'or de la Grande-Bretagne pour ſoudoyer les ennemis de la France, envain veut-il éterniſer les hoſtilités, le génie tranſcendant de Bonaparte l'emporte ſur le lord Pitt, & les préliminaires de la paix avec la rivale de la France ſont enfin ſignés.

Ah! ſi au lieu de rivaliſer, de troubler l'un & l'autre hémiſphere par leurs guerres & leurs vues mercantilles, les Anglais & les Français s'étaient concertés pour affranchir les nations qui gémiſſent encore dans l'eſclavage de la barbarie & ſous la tyrannie du deſpotiſme, ils ſeraient venus à bout de briſer ce double joug qui outrage l'humanité! Quelle puiſſance parmi les oppreſſeurs des peuples eût pu réſiſter à l'Anglais ſur mer & aux Français ſur terre! tous deux ſont en quelque ſorte invincibles, & comme ſouverains ſur leurs élémens: le trident de Neptune eſt le ſceptre des Anglais, comme l'arbre de la liberté eſt le ſceptre des Français. Qu'il eût été glorieux, à certains égards, de conquérir le monde pour le rendre libre & heureux! ſecondé par la marine Anglaiſe & par la valeur Françaiſe, Bonaparte aurait pu tenter avec ſuccès cette conquête; heureuſement il penſe qu'il eſt encore plus beau de pacifier l'univers que de le conquérir: qu'un ſentiment ſi noble n'entre-t-il dans l'ame des hommes d'état!

Hélas! depuis près de ſix mille ans que les peuples s'entretuent méthodiquement pour les querelles des Rois, il ſerait bien temps que la raiſon franchît les marches du trône! là aſſiſe à côté des têtes couronnées, elle leur ferait abjurer une fureur meurtriere qui ne ſied pas même à des cannibales; au premier ſignal d'hoſtilité, elle éleverait ſa voix: « Arrêtez, barbares, arrêtez; de quel droit prodiguez-vous la vie » de vos ſujets? eſt-ce pour peupler vos états que vous » en ſacrifiez l'élite de la jeuneſſe? quoi! pour courir

» après un fantôme de gloire, sur le moindre pré-
» texte verser à grands flots le sang, le sang humain!
» & vous ne frissonnez pas! O Rois, vous êtes hommes,
» soyez humains : ah! je vous en conjure au nom de
» l'humanité, à bas les armes; plus de guerre, plus
» de carnage : la guerre est le plus grand fléau de
» la terre & la plus grande de toutes les folies hu-
» maines : vos guerres offensives, qui nécessitent les
» défensives, sont autant d'attentats contre l'espece
» humaine; les combats, les batailles sont des assas-
» sinats en masse; les victoires, des boucheries; les
» conquêtes, des brigandages; & les conquérants,
» s'ils sont les aggresseurs, ne sont que d'illustres bri-
» gands. »

Ce n'est point m'écarter de mon sujet que de tonner contre les désolateurs de la terre; & parler de pacification, c'est entrer dans les vues du pacificateur. Il a enfin réussi à déterminer les puissances belligérantes à tenir un congrès à Amiens pour la conclusion définitive de la paix. Son auguste frere, cet autre lui-même, y plaidera la cause du genre humain: puisse-t-il intéresser en sa faveur ces illustres plénipotentiaires ses collegues! Comment n'y réussira-t-il pas s'il leur dit tout ce que lui dira son cœur! Cet aréopage de sages, chargé de consolider la paix, de concilier les intérêts respectifs des souverains, va sans doute fixer irrévocablement les destinées de l'Europe, qui, de son côté, fixe celles des trois autres parties du globe (3).

Si Bonaparte n'ose se flatter de rendre la paix à

jamais permanente, au moins s'occupe-t-il à diminuer les chances de la guerre. La plupart des hostilités modernes naiſſent des relations commerciales de l'Europe avec les autres parties de la terre : tant qu'il y aura métropoles & colonies, la mer troublera la paix ſur terre (4). Le premier Conſul, pour parer à cet inconvénient, s'occupe à mettre les colons nos freres ſur un pied reſpectable, & nos iſles à l'abri de l'invaſion. Toutes les Cours de l'Europe conviennent avec lui, que quiconque eſt maître de la mer eſt maître de la terre; qu'il ſerait contre la ſaine politique de ſouffrir qu'aucun peuple fût dominateur des mers; il en ſerait bientôt le tyran, & rendrait les autres nations ſes tributaires, dès qu'il faudrait acheter de lui les jouiſſances de luxe, dont l'habitude leur a fait un beſoin. On viſe en conſéquence à transférer ſur mer le fameux ſyſtême d'équilibre que la politique tâche depuis long-temps de maintenir ſur notre continent entre les puiſſances Européennes : qui mieux que lui peut trouver un des contre-poids pour établir cet équilibre dans la balance maritime? La France, l'Eſpagne, la Hollande, &c. ſentent enfin la néceſſité de relever leur marine pour contre-balancer la marine préponderante des Anglais, qui plus que jamais ſemblent aſpirer à la monarchie univerſelle des mers (5).

Ainſi que l'air, la mer eſt la propriété du genre humain (6). Cet élément n'appartient à perſonne excluſivement, par la raiſon qu'il appartient à tout le monde. Puiſſances maritimes, voulez-vous que la paix ſoit de longue durée, *proclamez la liberté des mers* & du commerce, qu'entrave l'avarice par ſes faux calculs, & l'Océan ne verra plus ſes flots rougis du ſang des Européens. O Bonaparte ! ô génie pacificateur ! tu a parcouru toutes les routes de l'immortalité, une nouvelle carriere de gloire s'ouvre dans laquelle nul mortel n'eſt encore entré ; elle t'eſt réſervée : *fais perdre au vil intérêt mercantille l'affreux pouvoir d'enſanglanter la terre, & de ruiner les peuples, ſous prétexte de les enrichir : influence ſi efficacement l'opinion générale, que les guerres déſormais ſoient miſes au nombre de ces atrocités extraordinaires, qui, comme les aſſaſſinats, révoltent la nature.*

Quel ſouvenir nous retracent ces derniers mots ! faut-il que l'ami des hommes ait eu des ennemis ! pendant qu'il s'occupait à négocier la paix, à faire naître dans les cœurs cette fraternité qui depuis la révolution eſt dans toutes les bouches, ô ſiecle ! ô perverſité ! on s'eſt porté juſqu'à attenter à ſa vie, à la vie d'un homme dont l'exiſtence eſt un des grands bienfaits de la nature ! Tout ce qui a trait à ſa perſonne eſt extraordinaire juſqu'à cet attentat : il eſt le premier, le ſeul mortel qu'on ait tenté d'aſſaſſiner avec une machine infernale. Maudit ſoit ſon inventeur ! Monſtre plus infernal que ta machine ! que t'avait fait le pere de la Patrie pour tramer ſa perte, qui eût infailliblement entrainé celle de l'Etat ? Qu'il ait échappé à une exploſion qui foudroya d'autres victimes, quoique dirigée contre lui ſeul, cela même ne

tient-il pas du prodige ! « Ah ! c'eſt vous, génie tuté-
» laire de la France, qui le couvrîtes de vos aîles :
» ne ceſſez de veiller à ſa conſervation, & meſurez
» ſes années ſur notre amour ! Et toi dont la faulx
» meurtriere moiſſonne indiſtinctement tout ce qui
» vit, depuis le ſceptre juſqu'à la houlette, reſpecte
» un héros que Mars en fureur a reſpecté dans cent
» combats : il eſt à la fleur de l'âge ; ne compte pas
» ſes jours par ſes exploits, ni par ſes bienfaits, tu
» croirais qu'il a déjà fourni une longue carriere ».

Cet événement détermina celui qui n'aurait voulu pour garde que le cœur des Français, à ſe précautionner ; il ſe vit à regret forcé de ſe rendre d'un accès moins facile : juſqu'alors il marchait ſouvent ſans ſuite, ſous le coſtume le plus ſimple ; il ſe plaiſait même quelquefois à ſe confondre dans la foule, pour démêler l'opinion publique ; & à la faveur de l'*incognito*, entendant tout ce que la franchiſe populaire, dans ſes épanchements naïfs de cœur, diſait du premier Conſul, il jouiſſait de ſa réputation. Sa popularité le faiſait chérir ; ſa modeſtie tempérait ſi bien l'éclat de ſon mérite & la ſplendeur de ſon rang, que ceux qui d'abord en avaient paru offuſqués, lui pardonnaient & ſon rang & ſon mérite, en faveur de ſa modeſtie.

Si on l'a enfin engagé à mettre ſa cour au niveau de celles des monarques de l'Europe, ce n'eſt pas qu'il eût beſoin, pour imprimer le reſpect, de s'entourer du cortege, du fafte & de la pompe des Rois; son ame, plus élevée que le trône, pourrait dédaigner cet étalage de luxe & de magnificence, onéreux aux peuples qui en font éblouis & veulent l'être; ces acceffoires de la grandeur ne font pas fa grandeur: mais la foule des gens à talents qu'il attire auprès de fa perfonne, mais fes victoires, fes lauriers couronnés des palmes de l'olivier, fon génie fupérieur, les merveilles de fon gouvernement, l'amour des Français, l'admiration de l'univers, voilà fa cour: en eft-il de plus brillante? Et fi cette autre cour, celle d'étiquette, jette auffi beaucoup d'éclat, c'eft qu'un grand homme donne à tout ce qui l'approche l'empreinte augufte de fa grandeur. Eh! pourquoi voudrait-on que celui qui, fans avoir le titre de Roi, en a toute l'autorité, n'ait pas une cour qui donne une haute idée de notre nation & de fon chef? ferait-ce parce qu'il a illuftré la France peut-être plus qu'aucun de fes Rois? Jamais a-t-elle été auffi floriffante? jamais, fi vous en exceptez fous Charlemagne, a-t-elle été auffi étendue?

En avançant les limites du génie, de l'induftrie & du bonheur, pouvait-il négliger celles du territoire Français? les pays limitrophes qu'il a réunis, & qui nous font affurés par les traités de paix, procurent à la République Françaife un arrondiffement de convenance dont la vafte circonférence a pour tangentes deux mers, de grands fleuves, de hautes montagnes qui forment comme autant de barrieres dont la na-

ture

ture ſemble avoir pris plaiſir à l'entourer, pour lui ſervir de bornes en même temps que de boulevards.

Ici même, qui n'admirerait ſa modération! il n'a conſervé de tous les pays conquis que ceux qui en avaient été diſtraits mal-à-propos, ou qui fourniſſaient des prétextes de rupture aux puiſſances voiſines, & pouvaient faciliter les incurſions hoſtiles. N'était-il pas naturel que le Comtat d'Avignon, qui n'avait été qu'engagé, fût enfin réuni à la France, dans laquelle il eſt enclavé?

Le Piémont eſt le veſtibule de l'Italie & la porte de la France; la politique n'exige-t-elle pas que nous en gardions la clef, & qu'aſſimilé à la Savoye, qui en avait déjà été démembrée, il groſſiſſe le nombre de nos départements, qui, par cette réunion, ſe trouvent adoſſés à des républiques intéreſſées à la ſtabilité de la nôtre.

C'eſt ſur-tout dans ſes traités avec le Roi des deux Siciles & l'Empereur d'Allemagne, qu'éclate la générosité du conquérant: ne pouvait-il pas renverſer du trône le Roi de Naples, en repréſailles de ſes infractions aux traités, & des affronts qu'il avait fait eſſuyer aux Français dans le port même de ſa capitale? Pour toute réparation, il n'a exigé que la ceſſion des ports d'Otrante, à l'entrée du golfe de Veniſe, & au talon de la botte d'Italie: ce pied à terre dans le royaume de Naples parait favorable à nos vues commerciales.

Ne pouvait-il pas diſpoſer en Allemagne des vaſtes

contrées que le général Moreau, après la célebre victoire de Hohenlinden, avait conquises sur la rive droite du Rhin ? & on s'est contenté de prendre pour limite la rive gauche de ce fleuve : pouvait-il mieux prouver qu'on ne faisait la conquête de l'Empire Germanique que pour forcer son Empereur à la paix ? D'un côté, les ennemis n'ont aucun sujet de se plaindre ; de l'autre, nos alliés ont tout lieu de se féliciter des traités de paix, leurs intérêts y sont ménagés autant que ceux de la France.

Je ne fais qu'effleurer les opérations de notre Général-Consul : comme général, il a tout fait pour la gloire, tout pour la liberté ; comme Consul, occupé de notre bonheur, il accélere le progrès de l'esprit humain & le perfectionnement de notre nature : quelle tâche à remplir ! Il l'a commencée, il reste encore beaucoup à faire pour l'achever ; espérons tout de celui qui croit n'avoir rien fait, tant qu'il reste quelque chose à faire. La premiere année de son consulat a réparé en général les désorganisations de l'anarchie ; la seconde a conjuré le fléau de la guerre ; la troisieme va organiser la législation, rétablir la religion, proscrire l'immoralité.

TROISIEME PARTIE.

Le plus beau préſent qu'un mortel puiſſe faire à une nation, eſt une ſage légiſlation : c'eſt le préſent que nous prépare dans ſa ſageſſe le premier Conſul.

Les lois ſont le frein des paſſions, le lien des ſociétés, la baſe de la proſpérité : la légiſlation la plus parfaite ſerait celle qui combinerait le mieux les droits de l'homme & ſes devoirs dans ſes rapports avec la nature, Dieu & les hommes.

C'eſt ici de toutes les productions de l'eſprit humain la plus ſublime, mais ſi hériſſée de difficultés, que l'auteur célebre du Contrat Social n'a pas craint d'avancer que, *pour donner des lois aux hommes, il faudrait des dieux.* Rouſſeau n'aurait pas été chercher dans le Ciel ce qu'il aurait trouvé ſur la terre, s'il eût été contemporain de Bonaparte. Ne tient-il pas la clef de la légiſlation dès lors qu'il connait parfaitement le cœur humain ? il prend les hommes tels qu'ils ſont, pour les rendre tels qu'ils doivent être : il traite, il entre en compoſition avec l'amour-propre, qui porte tout homme à chercher ſon intérêt. Son grand art eſt de déterminer l'intérêt privé à ſe confondre avec l'intérêt général, de maniere que chaque individu trouve ſon bonheur particulier à concourir au bonheur public : il eſt ſecondé dans cette opération par les Lycurgues, les Solons de France, occupés à diſcuter les lois, qu'il ſoumet ſucceſſivement à leur ſanction, juſqu'à ce qu'il ait complété le code Français.

Déjà le premier pas, le pas le plus gliſſant eſt fait : la Conſtitution nouvelle de l'État, émanée de Bonaparte & ſanctionnée par nos mandataires, bride également le deſpotiſme chez les gouvernants & l'anarchie chez les gouvernés, ſans atténuer l'autorité des uns, ni la liberté des autres.

Il a propoſé dans cette ſeſſion à la détermination du Corps Légiſlatif *un code civil*, qui fait repoſer la ſureté des perſonnes & des propriétés ſous la ſauvegarde de la fraternité civique, comme ſous l'égide de la loi.

Le *code pénal* (qu'il refondra ſans doute, pour perfectionner l'échelle de graduation dans les peines) préviendra plus encore qu'on aura à punir, les délits contre la ſociété. Au code pénal, pourquoi n'ajouterait-il pas un code rémunératif? punition & récompenſe ſont les deux grands léviers du Gouvernement.

Le *code militaire* & *maritime* aſſure au Pouvoir exécutif les moyens de maintenir la paix au dehors & la tranquillité au dedans, en le laiſſant dans l'heureuſe impuiſſance d'uſer de la force publique, pour porter atteinte à la liberté tant civile que politique, par la triple enceinte dont Bonaparte lui-même l'a entourée (le Corps légiſlatif, le Tribunat, le Sénat conſervateur).

Pour ce qui concerne le *code fiſcal*, toutes les améliorations déjà faites dans cette branche, qui eſt le nerf de l'État (qu'on avait furieusement foulé), sont un garant sûr que le Gouvernement saisira le système de finance le moins arbitraire dans la répartition des impôts, le moins dispendieux dans la perception, le plus scrupuleux dans l'emploi, & qui subviendra le mieux aux besoins du corps politique, en exigeant le moins de sacrifices de la part des membres.

Un *code moral* & *religieux* met le sceau de la perfection à notre législation : basé sur la liberté des cultes, le for externe est seul soumis à sa jurisdiction ; le for interne ne saurait être de son ressort.

L'influence de la religion & de la morale sur le bonheur social, leur analogie avec la civilisation, étaient trop bien senties par le premier Consul pour qu'il négligeât de les associer : en faisant reposer la stabilité de la République, qu'il vient de régénérer sur la base de la religion, il s'est modélé sur tous les législateurs : le Ciel fut toujours le point d'appui du lévier avec lequel ils remuaient le monde, en même temps qu'une raison éclairée était le régulateur qui en dirigeait l'action. A peine se vit-il à la tête de l'Etat qu'il s'empressa d'arrêter la persécution suscitée contre le culte religieux & ses ministres : il proclama la liberté de conscience ; tolérance, qui en calmant les esprits que la rigueur avait exaspérés, a étouffé les germes de la guerre civile, qui était bien autant une guerre de religion que de royalisme.

Dans le concordat qu'il a passé avec le Souverain Pontife de l'Eglise catholique, des mesures ont été prudemment concertées pour réunir dans les mêmes ſentiments ceux qui profeſſent une même religion, & un miniſtre de ſa création eſt ſpécialement chargé de tout ce qui concerne les cultes. Ce n'eſt pas le moindre fleuron de ſa couronne d'immortalité que d'être le reſtaurateur du chriſtianiſme, qu'on s'était efforcé d'abolir en France, où il ſe trouvait établi avant même l'établiſſement des Français; il l'a déclaré religion de l'Etat comme auparavant. A la vérité, il n'a pu, en lui rendant jusqu'à un certain point ſon ancien luſtre, lui rendre ſon riche patrimoine, les biens du clergé avaient été aliénés pour payer les dettes énormes de l'Etat; l'Etat eſt reſté endetté, & l'Egliſe eſt ruinée : cependant la juſtice diſtributive exigeant que ceux qui ſervent à l'autel vivent de l'autel, il a aſſigné aux miniſtres du culte des penſions ſur la Tréſorerie nationale, indépendamment des oblations des fideles.

Ce zele qu'il met à rétablir la religion de nos peres, prouve aſſez qu'il eſt intimément perſuadé que la religion (ce pont de communication entre le Ciel & la terre, qui met l'homme en relation avec Dieu) eſt un des plus fermes appuis des états & du gouvernement, & que *ſans religion il n'eſt point de moralité, ſans moralité point de légiſlation, ſans légiſlation point de ſociété civile, & ſans ſociété point de bonheur.*

Une triſte expérience ne l'a que trop prouvé à la France : à quelle époque l'immoralité a-t-elle débordé ſur le ſol Français ? n'eſt-ce pas à l'époque où l'irreligion ferma la porte des temples & la bouche des prêtres ; à l'époque où le vertige des têtes volcanisées renversait les trônes & les autels, où la frénésie démagogue ne voulait ni de Rois sur la terre, ni de Dieu dans le Ciel? c'est à cette désastreuse époque que le terrorisme, affamé de brigandage, traina à l'échafaud la vertu & le mérite, les riches & les grands, & couvrit la France en deuil de sang & de carnage.

De tous les maux dont les écarts de la révolution ont inondé la république, le plus incurable, aux yeux de notre chef suprême, c'est cette immoralité ; les remedes qu'il s'efforce d'y apporter, régénerent insensiblement les mœurs des villes ; mais l'habitant de la campagne reste encore singuliérement démoralisé, l'insuffisance d'instruction, la rareté des propagateurs de la morale, l'espece de schisme élevé entre les ministres du culte religieux, mur de séparation que le premier Consul s'occupe d'abattre, tout recule la guérison : chaque jour il cicatrise quelques-unes des plaies profondes de la guerre & de la révolution : celle-ci est encore saignante : elle le sera jusqu'à ce que le Gouvernement ait achevé d'organiser le culte, & qu'il ait perfectionné & généralisé l'éducation, deux objets qu'il ne perd pas de vue.

En applaudissant à l'établissement gratuit qui vient d'être fait de trente nouveaux lycées distribués dans les villes principales, où six mille éleves de la patrie iront puiser les connaissances littéraires & scientifiques, je réclame pour les classes inférieures des citoyens des villes, des écoles primaires, ainsi que des écoles gratuites d'arts & métiers; & pour la campagne, des établissemens où l'on ne se bornerait pas à apprendre à lire & à écrire, où l'on s'instruirait sur l'arpentage & sur les éléments de l'agriculture, qui est encore livrée, en bien des cantons, à la marche incertaine d'une aveugle routine.

Enfin, pour prendre les choses dans la plus grande généralité, qu'il me soit permis de préciser sur un objet aussi conséquent une idée, & d'émetre un vœu, qui, accueilli par le Gouvernement, contribuerait a accélérer le perfectionnement de l'espece humaine en France : « Organiser dans toutes les communes » de la République une éducation nationale, tant » publique que privée, la plus propre à développer » dans les individus, 1.° la vigueur du corps, 2.° » la justesse de l'esprit, 3.° la droiture du cœur, en » différenciant l'âge, le sexe, & la classe plus pen- » sante qu'agissante des castes plus agissantes que » pensantes ».

Ce n'est point assez pour un Gouvernement aussi éclairé que bienfaisant de propager l'instruction, qui diminue l'inégalité des lumieres, il s'occupe aussi à diminuer l'inégalité des moyens de subsistance, autre source d'immoralité : il s'attache à donner à l'industrie, cette nourrice des humains, toute l'activité dont elle parait susceptible, & il reprend jusqu'au projet avorté sous l'ancien régime, de *supprimer la mendicité en France, en rendant les mendiants utiles à l'Etat, sans les rendre malheureux.* Il est sûr d'y réussir, parce qu'il mettra en usage les deux seuls expédients dont on doive user, faciliter aux pauvres valides les moyens de gagner leur vie par leur travail, & assurer aux pauvres invalides, incapables de travailler, de quoi vivre sans mendier. Ah! si l'ame sensible & généreuse de notre auguste Chef pouvait passer dans le corps de nos crésus, bientôt l'on ne rencontrerait plus d'indigents! Il n'y a des pauvres que parce qu'il y a des riches : le superflu des riches ne devrait-il pas être le patrimoine des pauvres!

La sollicitude du premier Consul ne se borne pas à soulager l'indigence; tout ce qu'il fait, tend de plus à augmenter l'aisance dans cette classe nombreuse qui a à peine le strict nécessaire. Ici, sa façon de penser est bien éloignée de celle de ces Gracques ambitieux, qui, dans la décadence de notre révolution, pour capter la faveur populaire, berçaient la multitude de l'espérance illusoire d'un partage égal de biens; systême chimérique, destructeur de l'industrie & de la société : il est aussi impossible de niveler les fortunes que de niveler les lumieres. Le nouveau régime s'en tient à ce qui est possible, à diminuer l'inégalité des richesses, l'inégalité des moyens d'en acquérir, enfin l'inégalité de l'instruction ou des lumieres; trois causes qui mettant une trop énorme disproportion entre les hommes, s'opposent à leur bonheur & au perfectionnement de leur nature. Toutes les tentatives du premier Consul tendent plus ou moins directement à corriger, autant que le permet la prudence, ſans bleſſer la juſtice, cette triple inégalité : ſitôt qu'il l'aura ſuffiſamment corrigée, ſitôt qu'il aura allégé les impôts exceſſifs néceſſités par une guerre opiniâtre de dix années, qui laiſſe, ainſi que les ravages de la révolution, de grandes brêches à réparer; ſitôt qu'il les aura réparées, qu'il aura rétabli les finances, remonté la marine, fait cent autres améliorations que projette ſa bienfaiſance, qu'exécute ſa ſageſſe; alors, c'eſt alors qu'on verra régner parmi nous l'abondance, la bonne foi & la fraternité : encore quelque temps, & Bonaparte réaliſera en France le fameux ſiecle d'or qui n'a encore exiſté que dans l'imagination brillante des poëtes.

Nous en voyons déjà briller l'aurore : la poſtérité refuſera de croire que notre République, déjà ſi floriſſante, ſoit cette République qui, deux ans auparavant, était ſur le penchant de ſa ruine; & Bonaparte, ſoutenant par ſon génie la France chancelante, ne lui paraîtra-t-il pas auſſi merveilleux qu'Atlas ſoutenant le ciel ſur ſes épaules !

Forcés d'admirer une tête rayonnante de tant de gloire, ſes détracteurs croient-ils, en lui ſuppoſant de l'ambition, en ternir l'éclat? D'abord, quand même l'ambition ne ſerait pas le véhicule des talents, je demanderais ſur quoi eſt fondée l'inculpation Bonaparte ambitieux? Eſt-ce lui qui a renverſé le trône des lys pour s'élever ſur ſes débris? Non, il n'a point uſurpé, il n'a pas même ſupplanté les uſurpateurs; la Nation, par l'organe de ses Représentants, lui a remis entre les mains la force publique, avec le Pouvoir exécutif dans les conjonctures les plus critiques : il a accepté : c'en était fait de la France s'il eût refusé. Bonaparte ambitieux ! lui qui a vu tant de couronnes à ses pieds, & qui n'en a pas une sur la tête ! Au reste, que ferait la couronne à Bonaparte ? la considération personnelle n'est-elle pas au-dessus de toutes les couronnes ? Bonaparte ambitieux ! & vous alléguez en preuve la contre-révolution qu'il a faite à l'époque où la révolution avait dégénéré en anarchie ! Mais l'anarchie n'est-elle pas cent fois pire que le despotisme même ? mais la nouvelle Constitution, loin d'ébranler l'Etat, ne l'a-t-elle pas raffermi au moment où il allait être dissous ? mais cette révolution, par un phénomene dont les fastes de l'histoire ne fournissent aucun exemple, s'est opérée sans qu'il y ait eu une seule goutte de sang répandue, sans qu'un seul particulier ait eu ses propriétés usurpées : tandis que la révolution antérieure, dans sa frénésie, a fait tomber des têtes couronnées, a coûté la vie à des milliers de Français, a dépouillé une infinité de familles honnêtes de leur état & de leur fortune, pour enrichir des millions d'individus, la plupart démoralisés. Bonaparte ambitieux ! un chef de républicains a plus d'autorité que n'en avaient nos Rois ! Mais cette autorité est l'apanage du mérite, un hommage rendu au génie bienfaisant qui s'occupe de la félicité publique, sans anticiper sur la liberté. Ah ! ne craignez pas que le sauveur de la France regne jamais en despote ; mieux que vous il sait que chez un peuple qui a la conscience de sa liberté, le jour du despotisme est la veille d'une révolution. Bonaparte ambitieux ! Oui sans doute il l'est : en effet, parvenu à force de talents & de vertus au faîte de la grandeur, il ambitionne encore la gloire la plus flatteuse pour les grandes ames, la gloire de s'immortaliser en améliorant le sort de la nation qui l'a choisi pour chef. Sauver, pacifier, régénérer la France ; lui donner des lois, des mœurs, des vertus ; étendre son commerce, son industrie, son agriculture ; favoriser les sciences, les arts, les lettres ; en un mot, mériter bien de l'humanité, tels furent les mobiles de toutes ses entreprises : aussi le Ciel les a-t-il constamment couronnées par le succès le plus éclatant. Ah ! si tous les grands Hommes, si tous les Potentats de la terre avaient l'ambition de Bonaparte, le monde serait trop heureux !

A quoi tient le bonheur & le malheur du genre humain ! tout dépend d'une centaine de têtes, de cent Tites ou Nérons, entre lesquels se trouvent partagés les empires de la terre, selon qu'ils gouvernent en peres ou en despotes. Un seul homme influençant en bien la France, qu'un seul homme avait influencée en mal, offre un contraste frappant qui prouve invinciblement que les peuples sont tout ce que le Gouvernement veut qu'ils soient. L'homme sensible gémit, son cœur se déchire à la vue des malheureux disséminés sur le globe, quand il pense qu'un seul homme pourrait faire des millions d'heureux & ne le fait pas.

O vous à qui sont confiées les destinées des nations, Rois, Empereurs, Consuls, Doges, Deys, Nahabs ! &c. eh ! qu'importent aux peuples les qualifications de ceux qui les gouvernent, pourvu qu'ils soient bien gouvernés ! Chefs des nations, venez & voyez : quel spectacle offre à vos yeux étonnés Bonaparte ! *un homme fait le bonheur de trente millions d'hommes !* En deux mots, voilà toute son histoire, & ces deux mots sont le plus beau des panégyriques. Dieux de la terre, quel modele ! c'est par la bienfaisance que vous vous ferez, comme lui, adorer des mortels : c'est sur vous, sur votre responsabilité, que se repose le Ciel relativement au bien-être d'un milliard d'ames qu'on compte à peu près sur la terre. Vos peuples sont-ils malheureux, vous n'êtes que des tyrans couronnés : les rendez-vous heureux, l'univers vous proclame bienfaicteurs de l'humanité, tous les cœurs vous décernent des statues, & votre place est dans le temple de mémoire, à côté des Tite, des Trajan, des Antonin, des Marc-Aurele, des Bonaparte (7).

FIN.

NOTES.

(1) . . . . d'autre défaut que trop de générosité.

La générosité, qualité si estimable dans un particulier, serait un défaut dans un Souverain, s'il ne peut être généreux qu'aux dépens du public : la premiere vertu des rois est d'être justes, d'accorder tout au mérite, & rien à la faveur.

(2) . . . La crainte est pour l'esclave, l'amour pour le Français.

On peut dire à la louange de Bonaparte, qu'on ne sait s'il aime plus les Français qu'il n'en est aimé.

(3) . . . fixer irrévocablement les destinées de l'Europe, qui, de son côté, fixe celles des trois autres parties du globe.

Il est bien étonnant qu'aucun congrès ne se soit encore occupé de dresser dans cette vue *un code du droit public des nations*, & il serait à desirer qu'il se tînt un congrès de rois, ou du moins de leurs représentants, pour mettre au jour ce chef-d'œuvre de politique ; un code qui ne pût ni être ébranlé par la force, ni éludé par la ruse ; code garant, autant qu'il serait humainement possible, *de la paix perpétuelle*, qui, aux yeux d'un roi guerrier, mais humain, (Henri IV), ne paraissait pas chimérique, mais que le bon abbé de Saint-Pierre n'a vue qu'en songe, ainsi qu'une foule d'autres projets qu'on a justement qualifiés de rêves d'un homme de bien. La paix perpétuelle est sans doute la pierre philosophale de la politique, peut-être aussi difficile à découvrir que celle de l'alchimie : mais l'impossibilité en est-elle démontrée ? Cette découverte, si jamais elle se fait, sera sans comparaison plus intéressante pour le genre humain, que ne l'a été la découverte du Nouveau-Monde.

(4) . . . La plupart des hostilités modernes naissent des relations commerciales de l'Europe avec les autres parties de la terre.

Puisque nos possessions & le commerce d'outre-mer, par la funeste rivalité des gouvernements européens, récelent dans leur sein un foyer de matieres combustibles toujours prêtes à rallumer la guerre; puisque les hostilités particulieres de notre continent dégénerent en guerres générales, & qu'on ne peut tirer dans un coin de l'Europe un coup de canon qui ne retentisse d'un pôle à l'autre dans le reste du globe; puissances maritimes, voulez-vous décidément écarter le fléau de la guerre? renversez vos comptoirs européens en Asie; renoncez en Afrique à la traite des Negres, s'il n'est pas possible de la modifier; *décrétez l'indépendance des Colonies* & *la liberté du commerce*, *proclamez la liberté des mers* : que votre marine militaire soit convertie en marine marchande, elle cessera d'être à charge à l'État; & au lieu de porter dans ses flancs la terreur, le ravage, la mort, elle répandra dans toutes les régions de la terre l'industrie, l'abondance, la richesse: les métropoles ne s'épuiseront plus pour protéger les Colonies, & les Colonies n'auront plus sujet de se plaindre qu'elles sont pressurées par les métropoles. Depuis quand la Prospérité, enfant de l'Industrie, s'est-elle comme naturalisée dans l'Amérique septentrionale? n'est ce pas depuis que ses courageux colons, las d'être vexés par la mere-patrie, ont, avec le secours de la France, reconquis leur indépendance?

(5)...L'Europe pense enfin à transporter sur mer le fameux systême d'équilibre que la politique a jusqu'ici cru devoir maintenir dans la balance des puissances continentales, & la France travaille avec ardeur à rétablir sa marine, pour contre-balancer la marine prépondérante de l'Angleterre, qui plus que jamais aspire à la monarchie universelle des mers.

Tout moyen de parvenir à cet empire parait légitime au Cabinet britannique : se jouer des traités, violer le droit des gens, attaquer sans déclaration de guerre, prendre les vaisseaux qui naviguent sous les auspices de la paix, détrôner des Souverains asiatiques dont on est allié, usurper leurs états, envahir les plus riches contrées, les côtes, & le commerce de l'Asie; non content d'être maître de Gibraltar, cette grande porte de l'Océan & de la Méditerranée, s'emparer encore de l'autre porte des mers, en refusant, contre la foi des traités, de rendre Malte & de retirer la garnison d'Alexandrie: n'est-il pas visible qu'il veut interdire à l'Europe la navigation de l'Inde, & écarter toute concurrence étrangere, s'arroger tout le commerce du levant? Il ne lui reste plus qu'un pas à faire, il n'aurait qu'à réussir à faire entrer dans ses vues mercantilles ses anciens colons les Anglo-Américains; alors tous les trésors des Indes seront en sa disposition, & l'Angleterre pourra faire le monopole dans l'ancien & le nouveau monde.... Que l'Anglais, aussi magnanime que le Français, & qui s'est même ressaisi avant lui de la liberté civile, ne s'indigne pas de voir dans son isle la vénalité enchaîner la liberté politique aux pieds du trône, ce point n'intéresse que lui: mais l'intérêt de l'univers exige impérieusement que ces braves insulaires ne different pas davantage à affranchir les mers de la tyrannie qu'y exerce leur gouvernement; ne rougissent-ils pas de voir la dignité nationale avilie par le brigandage, & l'Angleterre convertie en un repaire de corsaires, pire qu'Alger & Tunis! Une nation aussi fiere se laissera-t-elle donc ravaler, jusqu'à être un peuple accapareur, un peuple pirate! quand usera-t-elle contre ses gouvernants du droit d'insurrection qui lui est attribué par ses lois? Ah! l'Anglais renversera son gouvernement machiavelique, ou il cessera d'être Anglais.

Qu'il se rappelle que le sceptre de la mer a toujours échappé des mains qui s'en sont emparé & qui ont tyrannisé! L'exemple des Carthaginois ne le fera-t-il donc pas trembler? Londres aurait-elle oublié que Rome guerriere détruisit Carthage marchande, qui s'énorgueillissait d'être, par sa marine & son commerce exclusif, la souveraine des mers? En vain le Cabinet britannique se rassure-t-il sur sa marine formidable, contre laquelle il a la présomption de croire que toutes les marines réunies de l'Europe ne sont pas en état de lutter; en vain s'applaudit-il d'avoir seul tiré tout l'avantage de la derniere guerre, qui a affermi sa puissance, tandis que les autres puissances se sont épuisées; de s'être approprié la marine Hollandaise, d'avoir affaibli la marine Espagnole & ruiné la marine Française; en vain se vante-t-il de dominer en Asie, en Amérique, & bientôt en Europe, se fondant sur cet axiome: *Qui est maître de la mer, est maître de la terre.*

L'Anglais se croit fort de notre faiblesse: eh bien! ce ne seront ni ses six cents vaisseaux de guerre, ni ses huit mille navires marchands, épars sur la surface des mers, qui nous empêcheront d'effectuer une descente en Angleterre, si le génie de Bonaparte, dirigeant

l'impétuosité

l'impétuofité Françaife, l'entreprend. Une de nos provinces voit de fes fenêtres cette fiere Albion, dont un de fes Ducs (Guillaume-le-bâtard) fit avec fes feuls Normands la conquête. Français ! vous n'avez pas dégénéré de la valeur de vos peres, foyez grands comme eux. La Grande-Bretagne, qui vous eft inférieure en population comme en courage, prétend entraver votre navigation, étouffer votre induftrie, vous rendre tributaires de la fienne, vous fermer la porte du levant, achever de s'emparer de vos isles & de vos colonies. Ah ! c'en eft trop, votre intérêt, votre honneur compromis ne refpirent plus que vengeance ; déjà vos drapeaux flottent le long de la Manche, vos forêts s'empreffent de fe métamorphofer en vaiffeaux, bientôt votre bravoure ne murmurera plus de refter ftérile fur les côtes de l'Océan, Bonaparte marche à votre tête, fous ce héros la victoire eft toujours à l'ordre du jour : vous êtes Français : l'Anglais vous brave ; allez humilier fon orgueil : on aborde en Angleterre par cinquante-fept ports, il eft facile d'y faire une defcente.... *facilis defcenfus averni*, VIRG. De Calais à Douvres le trajet n'eft que de fept lieues, & de Douvres, en trois jours de marche, on eft à Londres : c'eft à Londres qu'il faut proclamer la liberté des mers ; que le trident de Neptune, arraché des mains Anglicannes, ne paffe point en d'autres mains, mais qu'il foit appendu à l'arbre de la liberté, & l'Océan vengé vous applaudira.

(6)... Ainfi que l'air, la mer eft la propriété du genre humain.

Faut-il que l'ambitieufe avarice oblige à pefer fur une vérité auffi inconteftable ! la mer, par fes météores aqueux élevés dans l'atmofphere, portés fur les aîles du vent, disféminés fur le globe, arrofe tout ce qui végete, abreuve tout ce qui refpire : étant auffi néceffaire à l'exiftence des êtres fublunaires que l'air même, elle doit jouir de la même latitude de liberté, puifque fans la mer, comme fans l'air, tout ici bas rentrerait dans le néant. A quel titre une puiffance maritime s'émanciperait-elle d'entraver la navigation ? elle n'eft pas plus fondée à empêcher un vaiffeau de fendre les flots, que d'empêcher un aëroftat de fendre les airs : il ne ferait gueres plus abfurde de difputer l'empire des airs que celui des mers, & des flottes de ballons armés en guerre, fe livrant un combat aérien, ne figureraient-elles pas dans l'hiftoire autant qu'aucun combat naval ? La nature n'a pas destiné ces immenses bassins d'eau pour être des champs de bataille; elle les a creusés pour servir de canaux de communication entre les continents, rapprocher les peuples, faciliter l'échange de leur superflu contre ce qui leur manque, transporter sur des maisons flottantes les productions d'un hémisphere à l'autre, & multiplier partout les jouissances.

(7) . . . . des Bonaparte.

Bonaparte, né à Ajaccio en Corse le 15 août 1769, élevé en France à l'Ecole militaire, entra dans le corps d'artillerie. En 1792, le siége de Toulon vit éclorre ses talents : il avait à peine atteint 23 ans, qu'il fut fait général de brigade. L'année suivante, il fut mis en état d'arrestation, sur la fausse inculpation de terroriste. Après qu'il eut recouvré la liberté, il essuya encore d'autres mortifications : la révolution l'éprouva par ses rigueurs, avant de le combler de ses faveurs. — L'époque de son élévation fut la journée du 13 vendémiaire, dans laquelle il dissipa l'insurrection de Paris contre la Convention. En germinal an 4, il fut nommé général en chef de l'armée d'Italie, dont il fit la conquéte en moins de deux ans. Il repassa en France, après avoir conclu en vendémiaire an 6, avec l'Empereur d'Allemagne, un traité de paix à Campo-Formio. — Le 4 brumaire an 6, il est nommé général en chef de l'armée d'Angleterre. — En floréal, il s'embarque à Toulon avec trente mille hommes de troupes ; prend, dans sa traversée, l'isle de Malte ; fait voile vers Alexandrie, s'empare de cette clef de l'Egypte, & fait rapidement la conquête de cette riante contrée de l'Afrique. Notre flotte ayant été détruite, il ne reçut point de secours de France ; alors il eut à combattre l'Europe, l'Asie, l'Afrique : seul avec ses braves Français, il fait face à tout, triomphe par-tout ; il fait une expédition en Syrie, & revient réorganiser l'Egypte. — Le 7 fructidor an 7, il s'embarque pour voler au secours de la France, & arrive en vendémiaire an 8. Le 18 brumaire, un décret le charge de la translation du Corps législatif à Saint-Cloud, où il se rend à la tête de ses compagnons d'armes le 19. Là il est provisoirement nommé Consul, avec Syeyes & Ducos. Le 24 frimaire an 8, proclamation de la nouvelle Constitution : Bonaparte est nommé premier Consul, Cambacérès & Lebrun 2.e & 3.e Consuls, pour dix ans. — En ventôse, le premier Consul conduit en Italie une armée de 60 mille hommes par le mont du grand

Saint-Bernard, qui, pour la premiere fois, voit paſſer de l'artillerie à travers ſes précipices : la deſcente dans un endroit en eſt ſi rapide, que Bonaparte fut obligé de gliſſer ſur ſon derriere un eſpace de 200 pieds. Après pluſieurs victoires, & ſur-tout après la bataille déciſive de Marengo, 25 prairial, il fait une ſeconde fois la conquête de l'Italie, réorganiſe proviſoirement la République ciſalpine, retourne en France en meſſidor. L'an 9, deux conſpirations contre le ſauveur de la France avorterent. On n'était plus en guerre qu'avec l'Angleterre. Enfin, en vendémiaire an 10, furent ſignés les préliminaires de la paix, & le traité définitif fut enſuite conclu au congrès d'Amiens, avec cette rivale irréconciliable de la France. L'an 10, la Conſulte ciſalpine, qui était venue ſe faire organiſer à Lyon, nomme Bonaparte préſident de la République italienne. La même année, le conſulat de Bonaparte qui avait été limité à dix ans, lui eſt prorogé à vie, avec pouvoir de déſigner ſon ſucceſſeur.

CLASSIFICATION

·es Jouissances humaines, dans leur rapport avec nos facultés intellectuelles, morales et physiques.

BESOINS ET JOUISSANCES

DE L'ESPRIT :

1.°

La Philologie.

Elle embrasse :

Grammaire.
Rhétorique.
Poétique.
Critique.
Géographie.
Chronologie.
Histoire, (qui est aussi du district du cœur.
Beaux-Arts.

2.°

Les hautes Sciences, ou

Logique.
Métaphysique.
Physique.
Mathématiques.
&c. &c. &c.

N. B. Tout (Dieu, l'homme, la nature) est, au fond, du ressort de l'esprit : mais le cœur révendique pour sa part la morale et la politique ; et le corps met à contribution, pour ses besoins, toute la nature.

DU CŒUR :

Devoirs de l'homme.	1.° *La Morale.*		
Ce qu'il doit :			
A Dieu	*Piété*, qui comprend *Culte intérieur.* *Culte extérieur.* *Lois divines.*	droit divin. religion naturelle. religion civile.	Théologie.
A soi	*Moralité*, qui consiste en *Prudence.* *Force.* *Justice.* *Tempérance.*	droit naturel, *ou* conscience. vertus cardinales.	
A ses semblables	*Philantropie.* Ses ramifications sont :		
En famille	*Amour conjugal.* *Amour paternel.* *Amour filial.*	vertus domestiques.	
En société	*Amitié.* *Fraternité.*	vertus sociales.	
A sa nation	*Patriotisme.* *Civisme.*		
Aux autres nations	*Humanité.*		
Droits de l'homme.	2.° *La Politique.*		
Ce qu'on lui doit :	*Liberté, égalité.*	bases de la société.	
	Sureté de sa personne et de ses propriétés.	but de la société.	
	Pouvoir législatif.	organisation de la société.	
	Lois civiles. *Lois pénales.* *Lois militaires.*	jurisprudence.	
	Pouvoir exécutif. *Force publique.*	Gouvernement.	
	Droit public.	diplomatie.	
	Accessoires.		
	Ecoles, Instituts. *Ouvrages didactiques.* *Traités ascétiques, moraux.* *Sermons.* *Romans.* *Comédie, Tragédie, &c.* *Histoire.*	éducation morale.	

DU CORPS :

Histoire naturelle.
Botanique.
Agriculture.
Jardinage.
Manufactures.
Arts et Métiers.
Architecture.
Commerce de terre et de mer.
Marine.
Art militaire.
Finances.
Gymnastique.
Chimie.
Médecine.
Pharmacie.
Chirurgie, &c.

Ce Tableau devrait être le bréviaire des hommes d'état.

BIBLIOTHEQUE NATIONALE DE FRANCE

www.ingramcontent.com/pod-product-compliance
Ingram Content Group UK Ltd.
Pitfield, Milton Keynes, MK11 3LW, UK
UKHW012105240726
13965UKWH00004B/1559